Lb. 859.

DISCOURS

SUR LA

Nécessité de dessécher les marais, de supprimer les étangs, & de replanter les forêts;

Prononcé, le 12 mai 1791, dans la société patriotique de la section de la Bibliothèque.

Par DUCHOSAL, Citoyen François.

EXTRAIT du Procès-verbal de la Société patriotique de la Section de la Bibliothèque, du jeudi 12 mai 1791.

Après lecture faite d'un discours sur la nécessité de dessécher les marais, &c. il a été arrêté que cet ouvrage seroit imprimé sous les auspices de la société, pour être ensuite distribué à tous les membres.

DISCOURS

Sur la nécessité de dessécher les marais, de supprimer les étangs, & de replanter les forêts.

> Les premiers créanciers de la Nation sont les bras qui demandent de l'ouvrage, & la terre qui attend des bras. V. BONCERF, *moyens d'occuper tous les gros ouvriers*, page 14.

LE despotisme négligea l'agriculture ; il ne voulut jamais promulguer de loix en faveur de cette branche importante de l'économie politique; & sa négligence criminelle suscite aujourd'hui, contre nous, deux fléaux bien redoutables, le désœuvrement & la mendicité.

Parcourez nos départemens, jettez les yeux sur Paris ; d'un côté, vous verrez l'indigence présenter une main suppliante ; de l'autre, la paresse traîner des jours déshonorés au sein d'un repos nuisible. Jusqu'à présent, les rois ont soudoyé la misère, ou lancé, contre les oisifs (1), quelques ordonnances assez vagues : aussi n'ont-ils fait qu'aggraver la misère du pauvre, & multiplier les prétextes de l'oisiveté. Leurs ministres n'ignoroient pas combien cette méthode étoit vicieuse, mais elle étendoit le domaine de l'esclavage : un système plus mâle eût dérangé leurs combinaisons despotiques. La police alimentoit une armée d'espions ; il falloit corrompre le peuple ; & le magistrat, qui perfectionnoit l'art de l'avilir, recevoit les hommages des courtisans, & les adulations intéressées des poëtes. Les seigneurs alloient habiter leurs châteaux ; ils revenoient toujours avec un valet de plus : la terre avoit un cultivateur de moins. Quand une fois la dépravation étoit à son comble, le ministère se reposoit sur l'ennemi du soin funeste de purger le royaume.

Au milieu de ce bouleversement, dont la cause

---

(1) Voyez l'ordonnance de 1614, puis celle de 1662, puis encore celle de 1666. La plus ridicule est celle de Colbert ; elle étoit ainsi conçue : « Les men- » dians seront renfermés & instruits à la piété. » Le travail n'entroit pour rien dans ces établissemens. On alla plus loin ; en 1686, on porta la peine des galères contre les mendians : & l'on vante encore le triste siècle de Louis XIV !

est détruite, mais non pas encore l'effet, il est de notre devoir de rendre à la patrie des hommes que l'infortune en sépare depuis long-temps. Ils se dégradent par leurs vices ; il ne tient qu'à vous de leur donner des vertus ; ils sont oisifs, vous pouvez les occuper ; ils sont onéreux à l'état, dites un mot, & ils en augmenteront les revenus ; ils troublent, ils feront les premiers à maintenir le calme ; ils sont esclaves, ils seront libres ; ils ne possèdent rien, ils deviendront propriétaires ; ils naissent ennemis de l'empire & de vous, ils défendront l'empire, & mériteront votre estime. C'est de la constitution que j'attends ce nouveau bienfait : dans les bons gouvernemens, ce n'est jamais la terre qui manque aux hommes ; ce sont toujours les hommes qui manquent à la terre.

Les ressources que je vous offre ne sont point idéales ; vous les trouverez toutes dans votre sol. L'Angleterre attire l'or de la France en trafiquant chez elle du superflu de sa récolte. La France n'a pas besoin des récoltes de l'Angleterre ; elle ne doit point acheter, elle doit vendre aux nations rivales. Avant le bill de 1689, nous fournissions des grains dans toutes les parties de ce royaume ; l'Espagne, le Portugal & la Hollande ont vécu long-temps du produit de notre agriculture. Sans notre frivolité, fans notre goût ridicule pour les arts, l'Europe feroit dans notre dépendance, & il eft bien prouvé que nous dépendons de l'Europe pour nos moindres befoins.

Il ne fuffit pas que nous ayons conquis intérieurement notre liberté ; je veux qu'elle traverfe les mers ; & jamais elle ne franchira les limites de nos frontières, tant que de ftériles fpéculations de finance l'emporteront fur les réfultats certains de l'agriculture. Je détefte, & vos emprunts, & toutes ces créations formidables d'impôts déguifés dont on grève les peuples ; ce font des laboureurs qu'il faut créer, c'eft à la terre feule que nous devons emprunter. Cette manière d'adminiftrer eft beaucoup plus facile que l'on ne penfe. Elle ne dépend ni des caprices des nations, ni du changement d'un miniftre, ni même de l'injuftice d'une loi nouvelle. Elle eft fimple dans fes procédés ; le temps, bien loin de l'altérer, la confolide & l'affermit ; elle brille avec éclat pendant la paix, & furvit même aux ravages de la guerre.

On ne fauroit imaginer combien d'écueils rencontrèrent, depuis un demi-fiècle, les partifans de l'agriculture. La diftribution locale des habitans du royaume mal entendue, les terres réparties avec trop d'inégalité, les fubftitutions, les lods &

ventes, les priviléges, les rentes, la forme de notre administration politique, tout s'opposoit à la félicité du cultivateur. Aujourd'hui même que ces abus sont presque tous anéantis, les vieilles barrières, plantées par la main du despotisme, restent encore debout au milieu de la chûte générale des monumens féodaux. Il y a près d'un an que les patriotes de l'Assemblée Nationale ont, par l'organe de leur comité de commerce & d'agriculture, invoqué le dessèchement des marais ; le premier article du décret a été adopté ; mais le côté droit, mais cette portion des députés, qui met constamment un intervalle si terrible entre elle & le bien public, a fait ajourner les trois articles additionnels proposés au mois d'août dernier.

Il étoit d'autant plus cruel de demander l'ajournement d'un pareil décret, que l'Assemblée Nationale grossissoit chaque jour la classe indigente par une foule de suppressions indispensables. Supprimer & ne point créer, c'étoit multiplier les ennemis de la révolution ; le piége s'apperçoit aisément, & vous pouvez, sans efforts, déjouer les manœuvres des adversaires qui vous le tendent : en effet, messieurs, à quoi se réduit le problème que je vous invite à résoudre ? La France est surchargée d'oisifs & de mendians ; on en convient par-tout : hé bien ! la France eſt couverte de terres incultes ; l'équilibre eſt parfait : s'il eſt des oiſifs, il eſt auſſi des travaux : s'il eſt des mendians, il eſt auſſi des moyens de bannir la mendicité.

Ces moyens, je les diviſe en ſix principaux : le deſſéchement des marais, la ſuppreſſion des étangs ; le défrichement des landes, la replantation des forêts, la réparation des chemins & la conſtruction d'un grand nombre de canaux de navigation.

Il n'y a guère que dans le haut Périgord où les marais ne ſoient pas très-dangereux (1) : partout ailleurs ils engendrent des maladies épidémiques, & ne peuvent dédommager du préjudice qu'ils portent à la population. En 1789, les habitans de Roye-ſur-le-Mats, victimes de l'exhalaiſon peſtiférée de leurs marais, tombèrent preſque tous malades ; & l'eſpérance de leur moiſſon étoit détruite, ſi les payſans du voiſinage ne fuſſent venus à leurs ſecours (2).

L'influence des étangs n'eſt pas moins déſaſtreuſe : les terreins, qui les avoiſinent, s'afferment

---

(1) V. la France agricole & marchande.
(2) V. le rapport des commiſſaires de la ſociété d'agiculture, ſur les moulins à bras, de MM. Durand, frères.

à vils prix; les récoltes sont détériorées par des brouillards épais & un atmosphère destructeur. Dans les pays où l'on trouve beaucoup d'étangs, le nombre des sépultures excède le nombre des naissances. Des cantons, maintenant inondés & insalubres, étoient, au rapport de M. Boncerf (1), salubres, cultivés & fertiles autrefois : d'autres, antérieurement infectés d'étangs, sont aujourd'hui salubres & féconds; ils contiennent mille habitans par lieue quarrée; ceux qui ont conservé des étangs n'en comptent que deux cents à deux cents quatre-vingt. Cette vérité fut publiée en 1777. L'académie de Lyon proposa la question suivante : « Les étangs, considérés du côté de l'a-» griculture & de la population, sont-ils plus utiles que nuisibles ? » Et M. Huguenin, qui remporta le prix, vouloit que l'on supprimât tous les étangs du royaume, à commencer par les domaines de la couronne.

Après avoir desséché les marais & supprimé les étangs, il ne resteroit plus qu'à défricher les landes; & voici l'avantage que l'on retireroit de ces trois opérations. Il y a, dans toute la France, environ 1500 mille arpens de marais, un tiers en étangs,

---

(1) V. moyens d'occuper les gros ouvriers.

& près de 20 millions de landes (1). Ces vingt-deux millions de terrains cultivés, en supposant même que tout n'est pas également propre à la culture, en réduisant le calcul de la population au plus bas terme, c'est-à-dire, à un individu par cinq arpens, accroît la force de l'état de quatre ou cinq millions de citoyens utiles.

Ils seroient utiles, car ils viendroient confondre une partie des produits de leurs terres dans la masse des contributions publiques ; ainsi le faix des impôts, soutenu par un plus grand nombre, deviendroit plus léger. Ils seroient utiles, car ils feroient sortir de ces gouffres, maintenant fangeux, des prairies & des pâturages. L'Angleterre

---

(1) Les landes de Bordeaux seules forment six millions cent vingt mille arpens de terre. Des sources de la Drôme, de la Dordogne, du Lot & du Tarn, jusqu'aux sources de la Garonne, vers le Languedoc, il y a plus de 50 lieues de terrains incultes. J'aurois pu donner une longue énumération des marais à dessécher, des étangs à supprimer, & des landes à défricher ; mais elle eût été fort inutile, & n'eût servi qu'à grossir le volume ; il suffit d'en connoître la masse. Au surplus, si jamais on m'oppose des obstacles à l'exécution de ce projet, je me charge de répondre à tous les réfutateurs.

possède trente millions de bêtes à laine; l'Espagne en a treize, & nous quatre; ils nous rendroient égaux à ces deux puissances réunies; ils cultiveroient le chanvre & le lin, pour lesquels le nord nous arrache annuellement près de trente millions: ils presseroient les fromages; ils battroient le beurre, dont l'achat nous en coûte vingt-cinq; en un mot, ils nous épargneroient des sommes immenses, que nous prodiguons sottement à des villes étrangères (1).

Les marais de Brenifter découvrirent une des plus fertiles contrées de la Hollande; Castelnau-Médoc vient d'offrir un exemple à-peu-près semblable; & tout le monde sait que le défrichement des landes, ordonné par Frédéric II, valut à la Prusse la construction de 542 villages, & l'établissement de 42,600 familles. Ces preuves incontestables annoncent avec quelle légèreté nos ennemis traitent souvent les matières les plus graves.

Mais, messieurs, notre courage doit doubler, ainsi que les obstacles. Je viens d'indiquer la source abondante dans laquelle il sera facile de puiser la véritable grandeur, & vous allez sentir où conduit l'adoption

---

(1) V. Boncerf & Chevalier, *Réflexions sur l'agriculture*.

d'un plan tant de fois rejetté par les ministres & par nos adversaires. Si vous desséchez vos marais, si vous supprimez vos étangs, si vous défrichez vos landes, vous serez bientôt pénétrés de la nécessité de replanter vos forêts : sur 140,000 arpens, il en reste 78,000 à replanter à Orléans ; & à Chambort, sur 10,300, il en reste au moins sept mille : ensuite vous réparerez vos chemins, dont une grande partie est impraticable, & nuit à l'extraction des bois. Vous construirez aussi des canaux de navigation. En général, nos départemens ne communiquent point entr'eux avec assez de facilité ; celui de l'Isle & Vilaine, une portion considérable de celui du Tarn, demeurent sans culture, parce qu'ils manquent de débouchés, & conséquemment de débit. Aussi notre commerce, soit intérieur, soit même extérieur, en s'étendant peu-à-peu, nous forceroit à construire beaucoup de ces canaux dont l'utilité n'est pas équivoque : non-seulement ils diminuent les frais immenses du transport des marchandises ou des approvisionnemens, puisque les rivières vous procurent pour 20 sous les objets que, par terre, on ne transporte pas à moins de 150 liv.(1), mais ils répandent encore, dans les

---

(1) V. M. de la Lande, *Traité des canaux de navigation*.

chefs-lieux, une fécondité salutaire. De quelle abondance, de quelle prospérité ne furent pas l'origine & la jonction des deux mers dans le Languedoc, & la réunion de la Seine & de la Loire à Briare, & le canal de Murcie en Espagne, & la mer du Nord confondue avec celle d'Irlande, & les canaux que l'Angleterre & la Hollande ont ouverts sous les derniers règnes? Vous voyez, messieurs, comme en allégeant la race présente, on opéreroit sans secousse, dans le prix des denrées ou des autres nécessités, une diminution favorable aux générations futures. L'état seroit tranquille, indépendant, au lieu que son existence est encore agitée & précaire; notre population, qui nous importune, suffiroit à peine aux travaux qu'exigeroit notre sol : loin d'être les débiteurs (1), nous serions les créanciers des peuples voisins; nous aurions rarement à craindre les guerres offensives, ou, si par hasard on nous obligeoit à nous défendre, l'histoire ne transmettroit plus le récit de ces traités conclus par l'épouvante où nous jetta tant de fois la disette des grains.

Ces considérations sont très-importantes; mais

_____

(1) Dans le moment où j'écris, la pistole nous coûte 18 livres : tous les autres changes sont à-peu-près dans un aussi déplorable état.

j'en connois une qui doit acquérir, auprès de vous, un dégré d'intérêt plus puissant encore. Je n'aime point tous ces atteliers de charité, dont on exalte les bienfaits avec trop de complaisance. Provisoires, ils méritoient nos éloges; permanens, il faut les redouter. Deux motifs légitiment mes craintes : d'abord les premières clauses du pacte social sont manifestement violées; une partie des associés n'a pas le droit de paralyser l'autre, & ce n'est pas l'aumône que l'on devoit faire, c'étoit la justice qu'il falloit rendre. Une branche étoit rompue, il falloit sur-le-champ la suppléer : je vais, pour mieux développer cette idée, m'appuyer sur une hypothèse. Je suppose qu'au lieu de déléguer nos pouvoirs, nous les exercions nous-mêmes en commun; je suppose qu'assemblés, comme chez les Romains, dans la place publique, nous délibérions sur les intérêts que nous avons confiés à des représentans; pourrions-nous dire à 60 ou 80 mille de nos sociétaires : « Nous vous donnerons à chacun » telle somme, à condition que vous ne serez rien » dans notre association nouvelle ? » Non, sans doute, ils ne ratifieroient pas cet article vexatoire; ils rejetteroient notre or avec indignation, ou, si la force les contraignoit de l'accepter, ils se vengeroient de notre injustice, en semant la division parmi nous. Ce que je suppose dans le mode populaire, arrive aujourd'hui dans le mode représentatif. Les ouvriers s'éclairent; ils apprennent, chaque jour, que ce qu'ils perdent à cause de la révolution, peut leur être restitué par la révolution; ils cherchent à se procurer eux-mêmes le bonheur qu'on leur refuse : de-là ces mouvemens qui se croisent avec une rapidité désolante : de-là ces orages dont la fréquence mine insensiblement tout le corps de la République : de-là des factieux : de-là des mécontens toujours prêts à les servir : de-là tant d'abymes qui s'ouvrent pour engloutir la constitution. Le second motif que je veux déduire, on le prévoit sans doute. Vous donnez vingt ou trente sous à 80 mille hommes; ces 80 mille hommes là seront demain aux premiers malveillans qui leur proposeront d'augmenter cette solde; ne vous endormez pas sur la foi de leur patriotisme; vous avez établi, entre eux & vous, une ligne de démarcation trop forte : l'indigence & le désœuvrement ont déjà gâté leur cœur; l'espoir d'un sort plus heureux, dont vos ennemis les bercent perpétuellement, finiroit par les corrompre.

Sortez donc de votre léthargie profonde : le germe de la félicité repose au milieu de vous; ainsi, messieurs, je ne cesserai de vous engager à réunir les sections, à les avertir des dangers auxquels nous exposeroit une trop longue insouciance, à leur démontrer que l'ajournement des quatre articles du décret sur le desséchement des marais, est une embûche de plus, dont il est essentiel d'effacer jusqu'à la trace la plus légère. Je vous engage encore, quoi qu'en puissent dire les antagonistes du droit de pétition, droit juste, droit indestructible, qu'aucun pouvoir humain ne sauroit nous ravir; je vous engage à réveiller l'attention du comité de commerce & d'agriculture, à le soutenir par votre énergie, & sur-tout à ne jamais être assez foibles pour laisser perdre dans l'oubli les projets utiles que le côté droit étouffe avec tant d'acharnement.

F I N.

De l'Imprimerie de L. POTIER DE LILLE, rue Favart. N°. 5. 1791.

www.ingramcontent.com/pod-product-compliance
Lightning Source LLC
Chambersburg PA
CBHW060933050426
42453CB00010B/1990